AF569996

Art Books

The Black book

…also known as ”The end”…

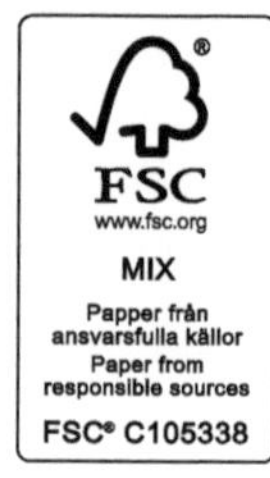

Förlag: BoD – Books on Demand, Stockholm, Sverige
Tryck: BoD – Books on Demand, Norderstedt, Tyskland

ISBN: 978-91-8007-793-4

This is the beginning of the end…

B	E	Q	U	F	E	C	I	A	S
L	D	I	K	B	L	N	F	A	N
N	L	R	I	M	V	S	G	N	G
U	B	I	G	T	O	A	U	H	V
I	L	D	X	T	E	K	R	E	L
O	H	K	V	E	C	A	M	Q	T
Q	T	Q	P	F	Z	Y	S	O	N
J	X	Y	L	I	H	L	Z	O	O
V	U	W	A	N	Z	X	F	L	R
P	O	U	G	N	J	L	Z	D	U
K	W	L	B	X	D	A	E	M	S
Y	T	X	L	Z	G	O	V	X	U
I	Z	R	Y	P	C	L	Z	O	Z
X	M	L	B	I	O	L	U	K	Y
V	O	R	H	N	Z	F	E	I	X
X	L	E	T	D	A	Y	O	D	A
C	G	F	L	W	Y	B	G	V	J
U	Z	A	E	O	P	N	N	L	X
E	G	N	J	U	Q	B	E	H	V
M	R	E	S	D	K	O	S	F	L

L	A	C	K	N	O	T	F	E	S
D	O	G	P	R	Q	B	H	T	N
L	H	T	R	U	T	O	R	L	C
Y	J	A	R	L	G	E	M	V	T
E	Y	E	K	B	W	W	P	L	A
C	B	X	K	R	O	N	D	V	Y
I	C	L	S	O	Y	F	I	F	T
R	S	E	N	E	A	C	F	B	H
A	M	A	Q	O	B	K	R	R	S
B	V	C	J	E	F	E	Y	W	Z
N	R	O	U	M	G	P	X	T	R
F	K	B	N	W	T	I	L	N	O
A	M	O	D	R	E	Z	R	Q	T
B	S	N	T	C	A	V	A	X	S
O	T	H	L	D	Q	G	T	K	S
D	A	E	Z	M	F	A	D	J	O
O	P	X	N	S	I	L	B	O	P
C	K	T	E	Z	S	C	H	E	U
L	E	J	G	M	V	A	Y	M	R
P	L	O	B	I	D	T	F	U	!

#1

This is the beginning of the journey…

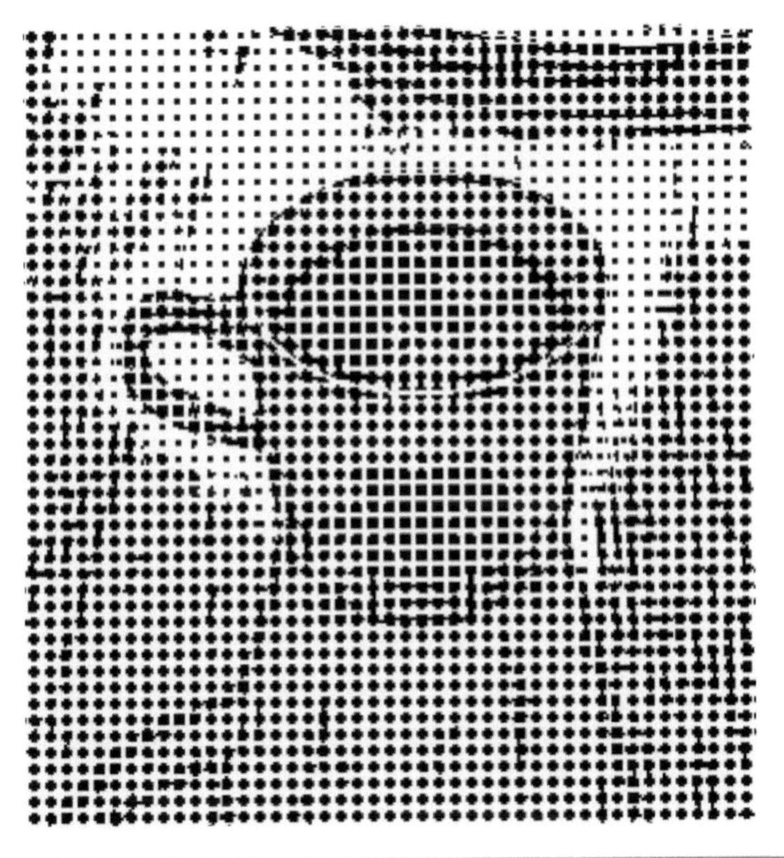

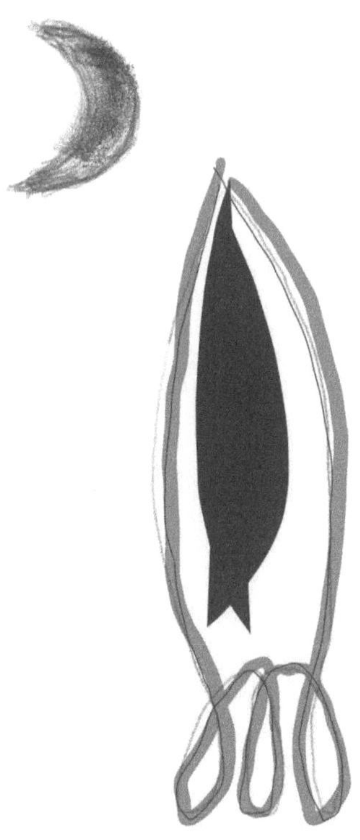

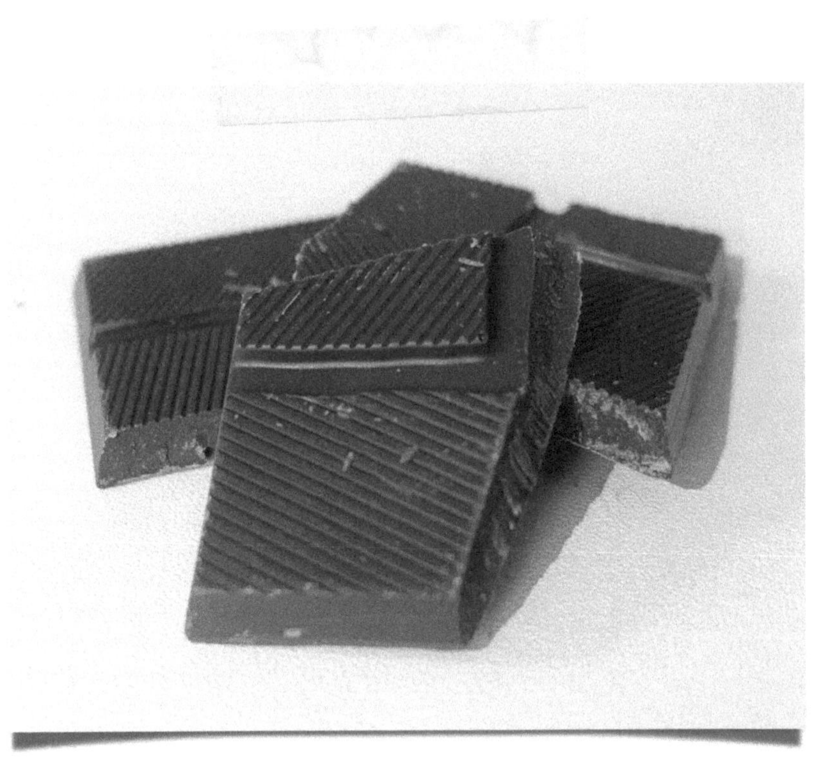

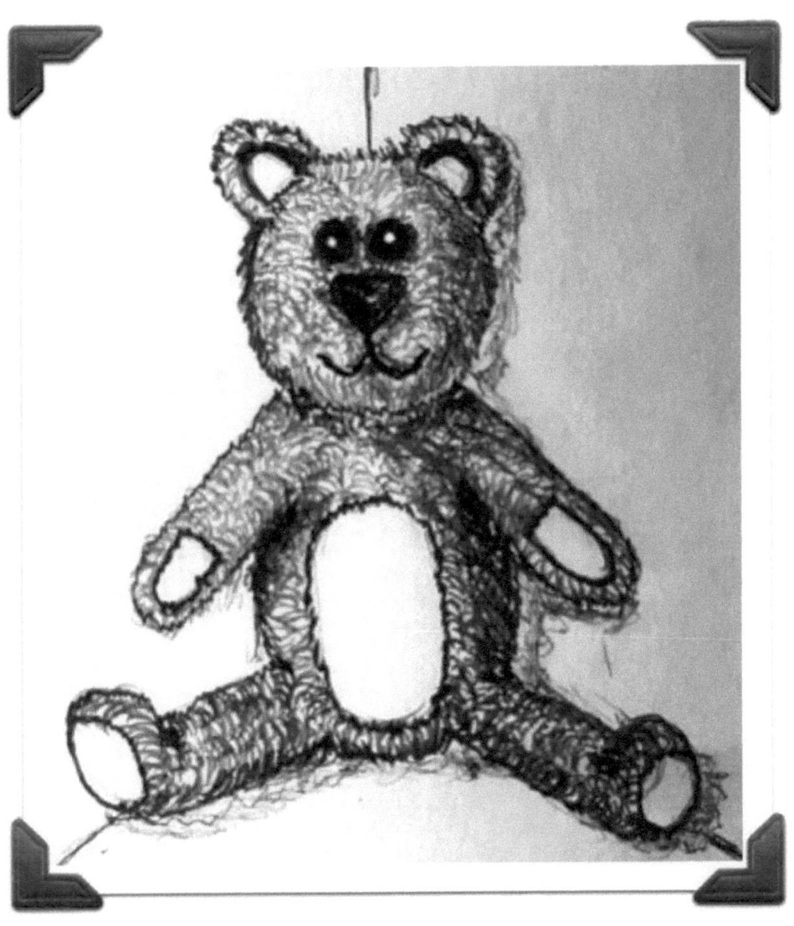

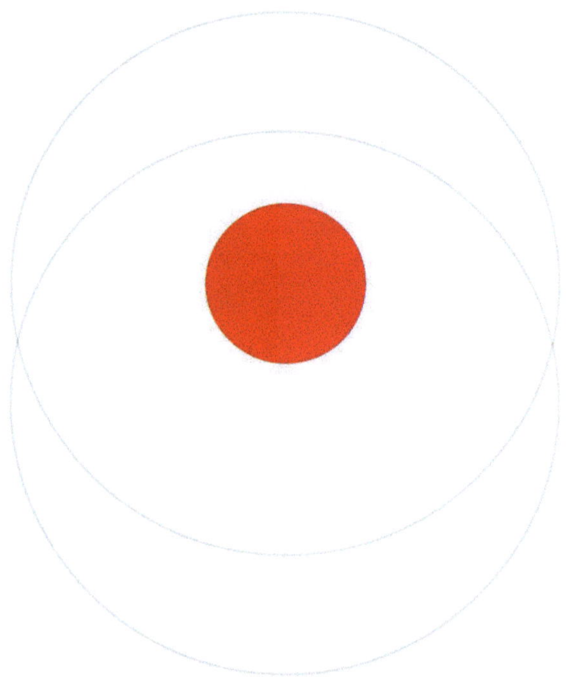

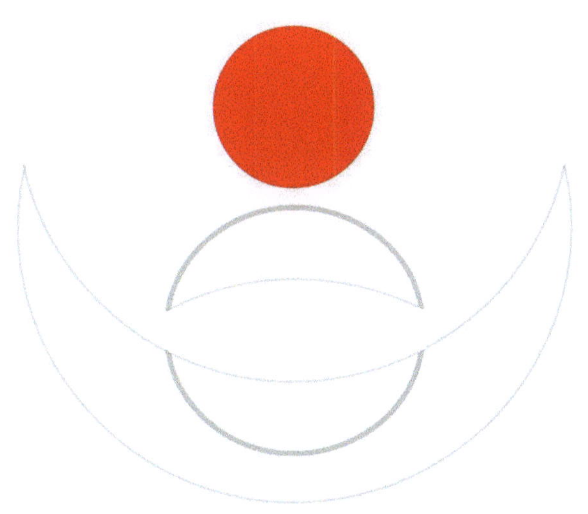

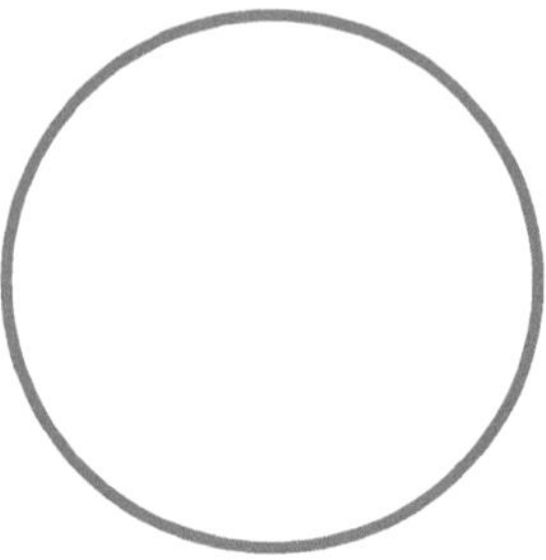

”A circle has no end”

- A. Darell

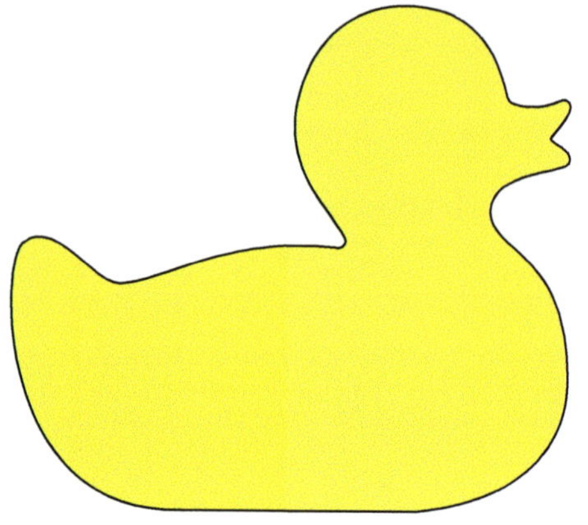

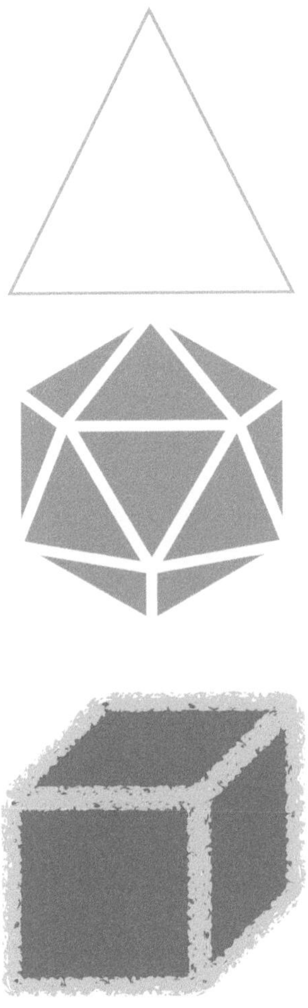

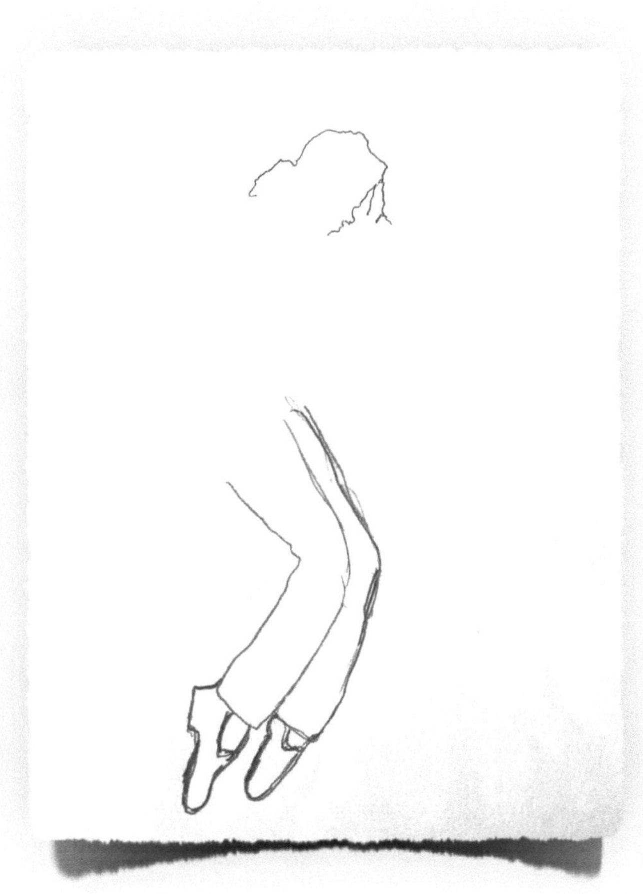

Nothing

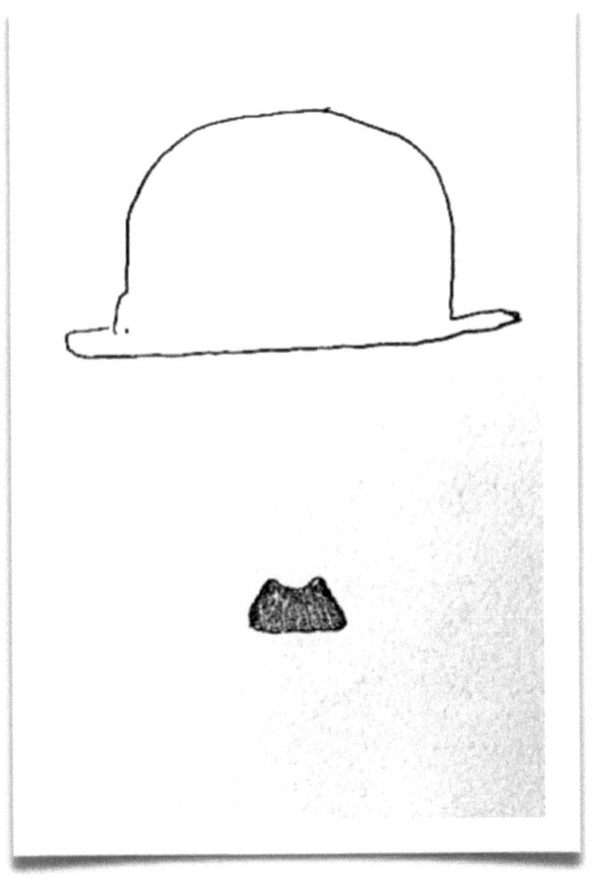

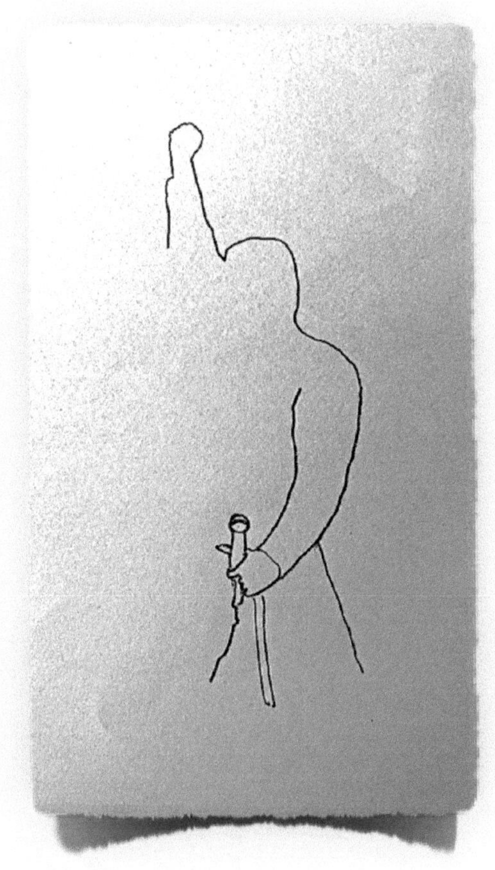

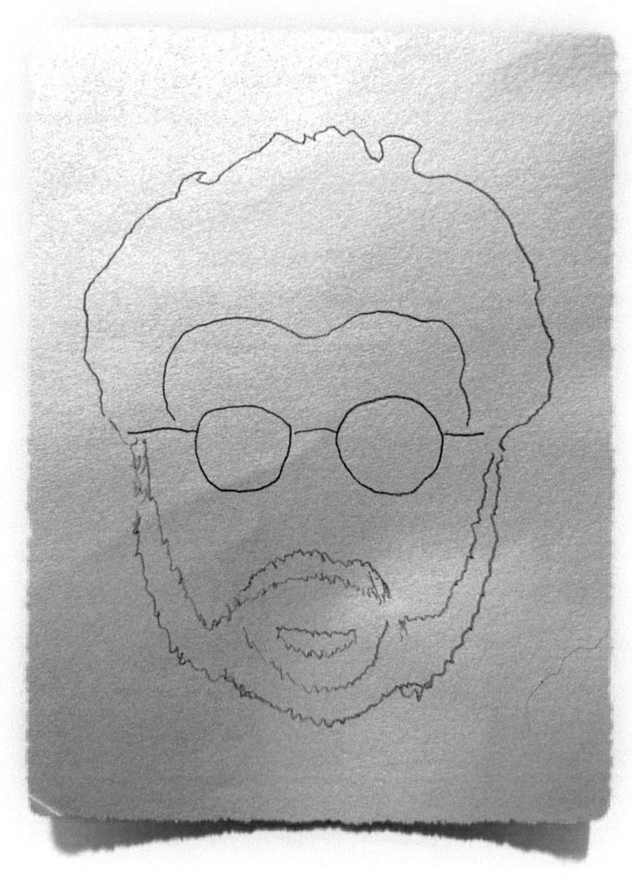

?

An Art Books haiku
Is not a poem, just a string
of words in a row

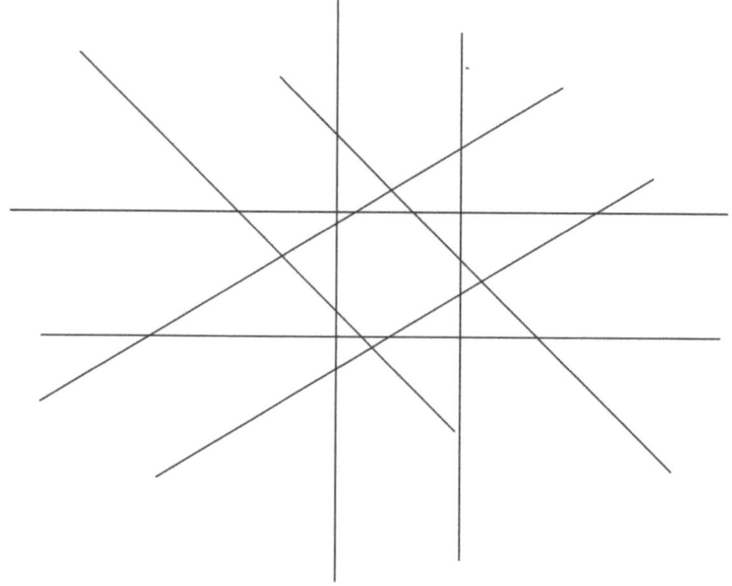

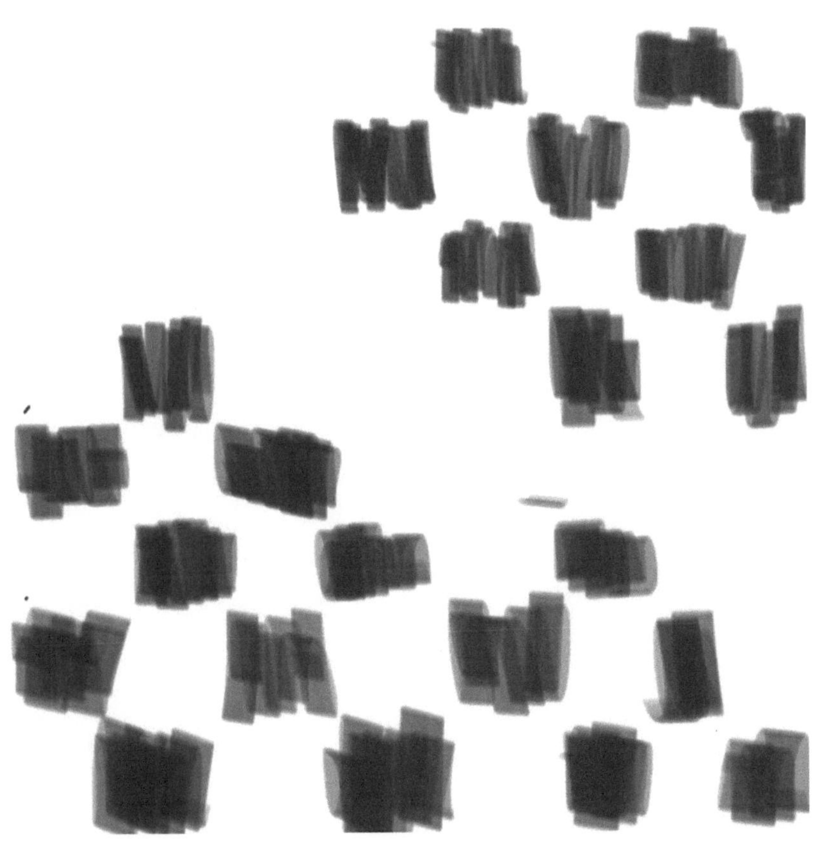

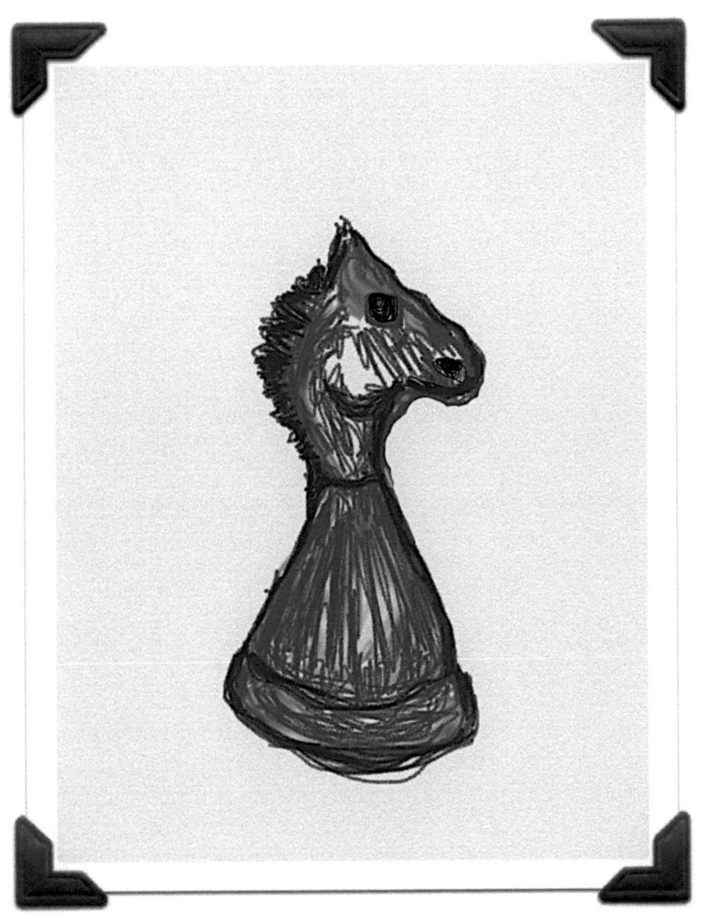

01010100

01101000 01101001 01110011

00100000 01101001 01110011 00100000

01101110 01101111 01110100 00100000

01100001 00100000 01100011 01101100

01110101 01100101 00101110 00101110

00101110 00100000 01111001 01100101

01110100 00100000 01101001 01110100

00100000 01101001 01110011 00101110

00101110 00101110 00100000 01101001

01101110 00100000 01100001

00100000 01110111

01100001

01111001

00101110

00101110

00101110

tu resiliunt in codice?

- ....

.. ...

-. --- -

.-

-.-. .-.. ..- . --..--

-. --- .-.

.. ...

.. -

.- -. -.-- - .... .. -. --.

. .-.. ... .

- .... .- -.

.-

-... ..- -. -.-. ....

--- ..-.

-.. --- - ...

.- -. -..

-.. .- ... . --..--

-.-- . -

.. -

.. ...

Art Books art books are
books of art now in your hand
but not books to read

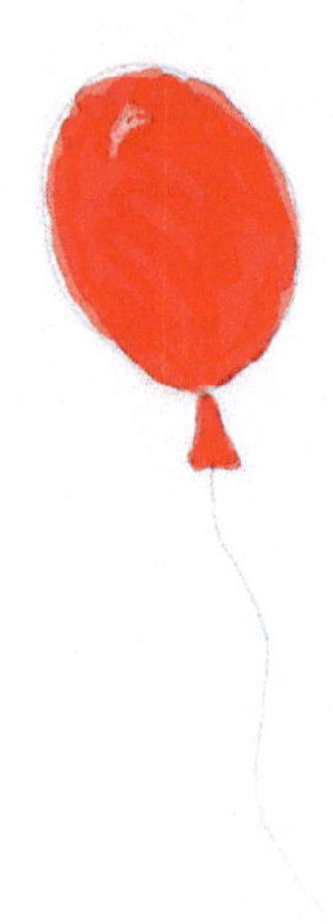

149

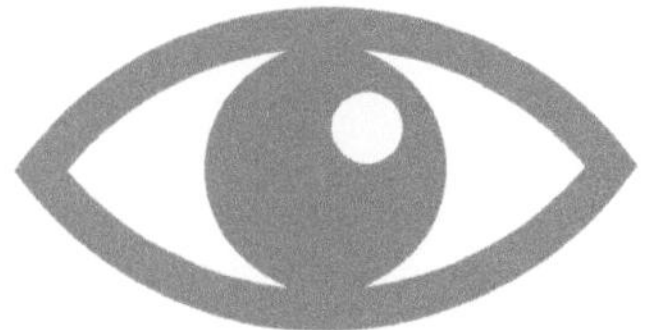

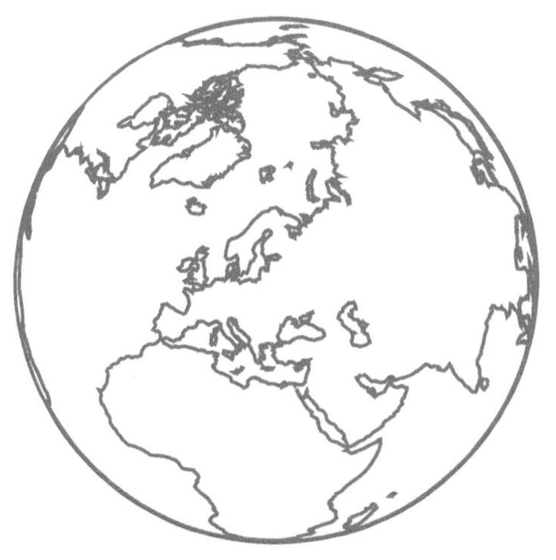

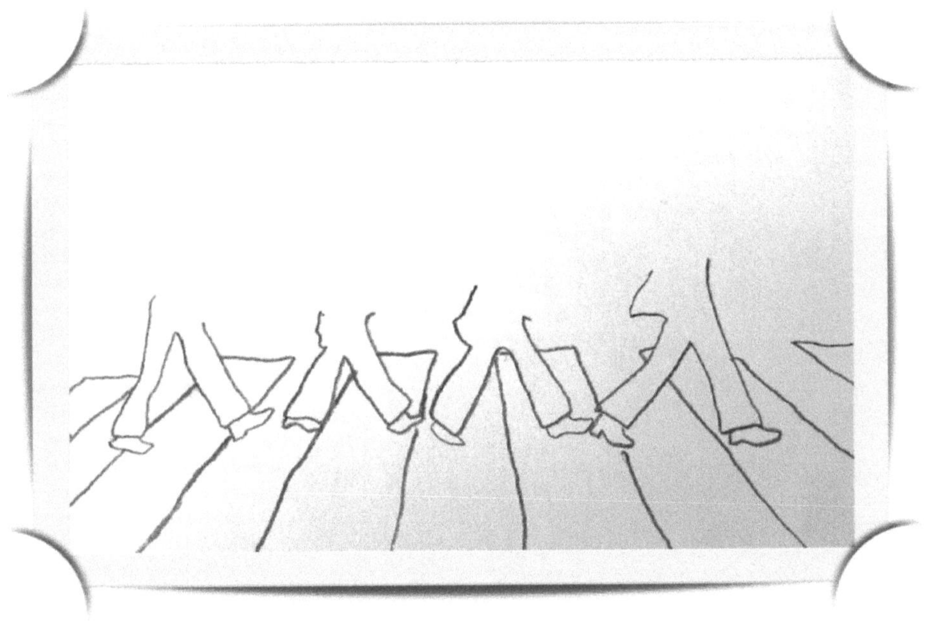

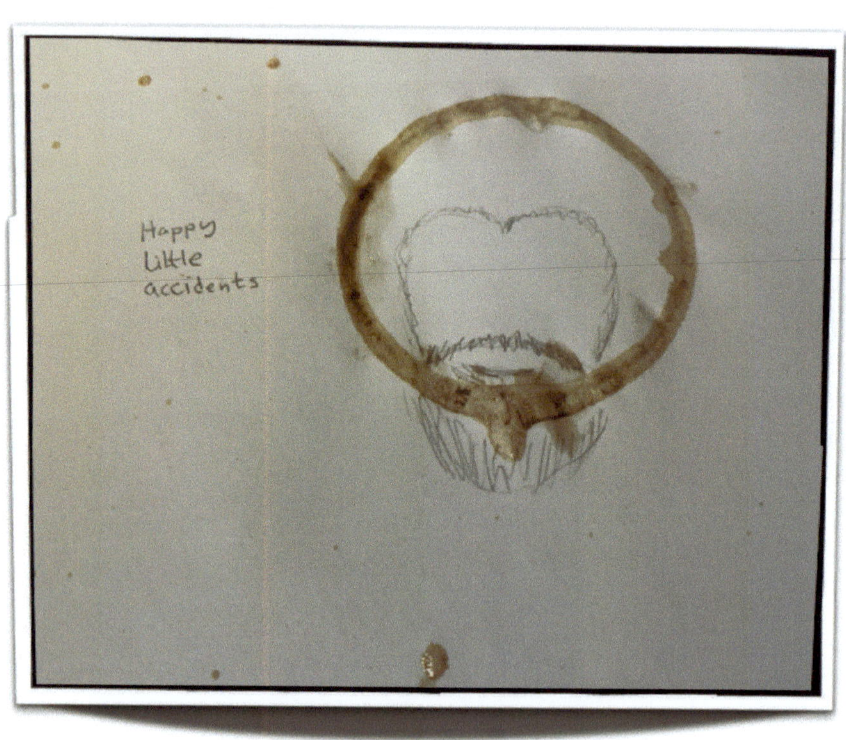
Happy
little
accidents

...this is the end of the end!